관찰과 체험은 과학을 배우고 이해하는 최고의 방법입니다!
어린이책 작가 **세실 쥐글라(Cécile Jugla)** 역시,
이런 생각으로 요리조리 사이언스키즈 시리즈를 기획했어요.
이 시리즈에는 지금껏 몰랐던 흥미진진한 사실이
한가득 담겨 있어요.

프랑스 파리의 어린이과학박물관
시테 데 장팡(Cité des enfants)을 설립하고,
파리 과학문화센터 팔레 드 라 데쿠베르트
(Palais de la Découverte)의 관장을 지낸
잭 기샤르(Jack Guichard)는 중요한 과학 이론을
누구나 알기 쉽고 생생하게 설명하고자
늘 고민하고 있습니다.

삽화가 **로랑 시몽(Laurent Simon)**은
어린이와 청소년 책에 들어가는 그림을 그려요.
이따금 이런 책에 글을 쓰기도 해요.
과학책이나 생활에 유익한 책에 그림을 그릴 때가
가장 행복하다고 해요.

옮긴이 **김세은**은
중앙대학교 불어불문학과를 졸업하고,
현재 번역 에이전시 엔터스코리아에서
출판기획자 및 전문번역가로 활동하고 있어요.

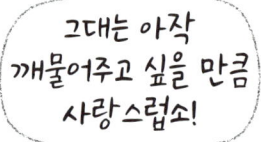

설랑이 달콤달콤

초판 1쇄 인쇄 2020년 12월 1일 초판 1쇄 발행 2020년 12월 7일

글 세실 쥐글라, 잭 기샤르 그림 로랑 시몽 옮김 김세은

펴낸이 이상순 주간 서인찬 편집장 박윤주 제작이사 이상광
디자인 유영준 마케팅홍보 신희용 경영지원 고은정

펴낸곳 (주)도서출판 아름다운사람들 주소 (10881) 경기도 파주시 회동길 103
대표전화 031-8074-0082 팩스 031-955-1083 이메일 books777@naver.com

ISBN 978-89-6513-625-5 77400

La science est dans le sucre
© 2020 Editions NATHAN, SEJER, 25 avenue Pierre de Coubertin, 75013 Paris, France.
Korean Translation © BeautifulPeople 2020 All rights reserved.
This translation of La science est dans le sucre is published by arrangement with Nathan through
KidsMind Agency, Korea.

이 책의 한국어판 저작권은 키즈마인드 에이전시를 통해 Nathan과 독점 계약한 (주)도서출판 아름다운사람들에 있습니다.
신 저작권법에 의해 한국 내에서 보호를 받는 저작물이므로 무단전재와 복제를 금합니다.

이 도서의 국립중앙도서관 출판예정도서목록(CIP)은 서지정보유통지원시스템(http://seoji.nl.go.kr)과
국가자료종합목록구축시스템(http://kolis-net.nl.go.kr)에서 이용하실 수 있습니다. (CIP제어번호 : CIP2020046218)

설탕이 달콤달콤

글 세실 쥐글라, 잭 기샤르 그림 로랑 시몽 옮김 김세은

아름다운사람들

차례

8   **설탕의 요모조모 알아보기**

10   **각설탕 만들기**

12   **여러 가지 가루 설탕 만들기**

14   **설탕으로 접착제 만들기**

16   **설탕으로 막대사탕 만들기**

18   **물속에서 뽕 사라진 설탕**

20 설탕을 타고 올라가는 물

22 과일 조각이 작아졌어요

24 통통 튀어 오르는 설탕 알갱이

26 설탕은 기름을 춤추게 한다

28 캐러멜 사탕 만들기

 # 설탕의 요모조모 알아보기

부엌 찬장을 열어 보니
가루 설탕과 각설탕이 있어요.
자세히 살펴볼까요?

> 각설탕으로 반듯하게 벽을 쌓고 있어!

각설탕은 어떤 느낌이 드나요?
가루 설탕은요?

- 단단해요.
- 물렁물렁해요.
- 까끌까끌해요.
- 매끈해요.
- 반짝거려요.
- 반짝이지 않아요.
- 잘 부서져 가루가 돼요.
- 고무줄처럼 탄력이 있어요.

설탕은 무엇으로 만들까요?

 우유　 사탕무　 기름　 사탕수수　 달걀

정답: 사탕수수와 사탕무.
공장에서 사탕수수와 사탕무를 갈아서 설탕을 만들어요.

> 야오오오옹!*

* 나처럼 설탕에 발자국을 남겨봐!

설탕은 무슨 색인가요?

보라 　　 갈색 　　 초록 　　 흰색 　　 파랑과 빨강
　　　　　　　　　　　　　　　　　　　줄무늬

정답: 흰색 또는 갈색
사탕수수에서 만든 설탕은 정제하면 흰색이고, 설탕을 덜 빼내면 갈색이 돼요.
사탕무에서 만든 설탕은 정제하면 흰색이고, 당밀을 빼내면 갈색이 돼요.

설탕이 들어있지 않은 것을 고르세요.

꿀 　　　　　 케이크 　　　　　 바나나

사탕 　　　 물 　　　 당근 　　　 우유

정답: 물
우리가 마시는 수돗물에 설탕은 들어있지 않아요. 하지만 채소나 과일, 유제품에는 설탕이 들어있어요.

가루 설탕으론
벽을 쌓을 수가 없네.
손가락 사이로
스르륵 빠져나가서
바닥에 깔려.

대단하네요.
설탕의 모든 면을 속속들이 관찰했어요.
얼른 다음 페이지로 넘겨 더 많이 알아봐요.

각설탕 만들기

설탕 3큰술에 물 1작은술을 잘 섞어서 촉촉한 설탕 반죽을 만들었어.

얼음 얼리는 틀에 설탕 반죽을 꽉꽉 다져가며 채워 넣고 있어.

실리콘으로 된 얼음틀

설탕 결정에서 '결정'이란 무엇일까요?

빛에 반사되어 반짝이는 매끄럽고 네모난 물체가 서로 단단하게 뭉쳐 있는 고체 물질을 말해요. 눈과 소금을 비롯해 몇몇 희귀한 돌도 결정을 이루고 있답니다.

여러 가지 가루 설탕 만들기

반죽을 밀 때 쓰는 밀방망이로 각설탕 3개를 툭툭 내리치고 있어.

비닐 팩에 각설탕을 넣어서 미세요.

뿌지직!

우리는 조각난 각설탕을 더 잘게 빻아서 가루로 만들게.

설탕으로 접착제 만들기

"하트 위에 색색깔 식용구슬을 뿌릴게. 구슬들이 설탕물에 찰싹 달라붙네."

"짜잔, 사랑하는 두 사람을 위한 예쁜 쿠키가 완성!"

작지만 알찬 지혜

설탕 시럽으로 쿠키 2조각을 딱 붙일 수 있어요.

식용구슬은 어떻게 쿠키에 붙어 있을까요?

시간이 흐르면서 설탕물은 점점 꾸덕꾸덕하게 마르고 설탕물 속의 물은 공기 중으로 날아간답니다. 이렇게 **설탕 입자는 물기를 잃고** 쿠키와 식용구슬에 붙어서 이 둘을 연결해줘요.

훌륭해요. 설탕이 접착제로 쓰일 수 있다는 사실을 알아냈어요!

설탕으로 막대사탕 만들기

설탕 시럽에 식용 색소를 한 방울 떨어뜨리면 한결 예쁜 시럽을 만들 수 있어요.

오, 신기해!
설탕은 찬물보다 뜨거운 물에 2배 더 많은 양을 녹일 수 있어요.

"설탕 시럽을 미지근하게 식혀 유리잔에 채운 다음, 나무 꼬챙이를 집게에 끼워 시럽에 담갔어."

유리잔 옆면과 바닥에 나무 꼬챙이가 닿지 않도록 하세요.

설탕물에 이물질이 들어가지 않게 랩을 씌워둬도 좋아요.

7일 후

"꼬챙이에 설탕 결정이 엄청 많이 붙어 있어. 진짜 막대사탕이 됐어!"

"맛있겠다!"

어떻게 나무 꼬챙이에 설탕이 덩어리처럼 뭉칠까요?

시간이 흐르면서 설탕물에서 물이 조금씩 빠져나가요. 물이 액체에서 기체로 변하는 증발 현상이지요. 그 결과 물속에 포함된 설탕 입자들끼리 서로 뭉쳐서 '결정'이라는 덩어리를 이루게 돼요. 이 결정들은 나무 꼬챙이에도 붙고 유리잔 벽과 바닥의 먼지나 부스러기에도 달라붙어요. 이렇게 설탕물에서 설탕 결정이 형성되는 과정을 '결정화'라고 합니다.

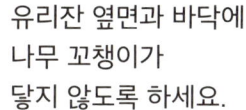

훌륭해요! 설탕의 결정 원리를 알아냈어요.

물속에서 뿅 사라진 설탕

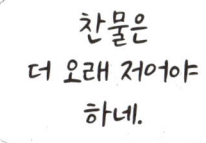

작지만 알찬 지혜

각설탕을 기름에 넣으면 녹지 않고 그대로 있어요.

🌸 설탕은 정말로 물속에서 온데간데없이 사라졌을까요?

아니에요. 물에 녹았을 뿐입니다.
설탕과 물을 이루는 작은 입자들이 서로를 끌어당겨 한 몸처럼 섞여 있는 거예요. 이처럼 둘 이상의 물질이 고루 섞여 있는 액체를 용액이라고 해요. 게다가 물 입자는 찬물보다 뜨거운 물에서 더 활발히 움직이기 때문에 뜨거운 물에서 설탕이 더 빨리 녹아버렸어요.

설탕과 물 실험을 통해
용액의 개념을 이해했네요.
참 잘했어요!

설탕을 타고 올라가는 물

물에 식용색소 2방울을 떨어뜨리거나 커피를 섞어서 색을 입히세요.

물은 어떻게 설탕을 타고 올라갈까요?

설탕 알갱이 사이사이에는 가느다란 빨대처럼 생긴 작은 틈이 있어서 물이 그 속으로 빨려 들어가요. 이처럼 아래쪽의 물이 설탕에 흡수되어 위로 이동하는 원리를 모세관 현상이라고 해요.

과일 조각이 작아졌어요

사과 말고 다른 과일로 실험해도 좋아요.

아는 어른께 부탁해서 사과 3조각을 같은 크기로 잘라 달라고 하세요. 2조각은 실험에 쓰고, 1조각은 비교용으로 남겨둬요.

아무것도 안 섞인 맹물

유리잔 2개에 사과를 1조각씩 담갔어.

설탕물

설탕 시럽은 16페이지처럼 만든 다음 식혀서 사용하세요.

같은 사과 조각인데 왜 하나는 커지고 하나는 작아질까요?

사과에는 물과 조금의 설탕이 들어있어요.
설탕이 많이 섞인 물에서는 사과에서 물이 빠져나가
쪼그라들고, 맹물에서는 반대로 사과 속으로 물이 들어가서
사과가 부풀어요. 이를 가리켜 삼투압 현상이라고 해요.
삼투압 원리에 따라 물은 항상 설탕 양이 적은 쪽에서
많은 쪽으로 이동합니다.

삼투압 원리를 이해하다니
과학에 뛰어난 소질이 보여요!

# 통통 튀어 오르는 설탕 알갱이

작지만 알찬 지혜

손가락으로 랩에 글자를 쓰면 설탕 알갱이가 글자 모양대로 달라붙어요.

"찻잔 받침에 랩을 씌운 다음에 손가락으로 톡톡 쳐볼게."

"그러니까 설탕 알갱이가 튀어 오르네!"

"소리도 나!"

랩을 바짝 당겨서 팽팽하게 씌우세요.

톡! 톡! 톡!

설탕 알갱이는 어떻게 스스로 튀어 오를까요?

손가락으로 랩을 치면 랩에 **정전기**가 생겨서 **설탕 알갱이를 끌어당겨요.**
설탕은 무게가 가벼워 공중으로 튀어 오릅니다.

정말 못 하는 게 없군요!
설탕에 전기가 흐르게 하는 법을 알아냈어요.

설탕은 기름을 춤추게 한다

유리잔에 물을 붓고 그 위에 식용유를 부었더니 식용유가 물에 떠. 그럼 맨 위에 설탕을 얹어볼게.

기름: 2cm 높이

물: 유리잔의 4분의 3

설탕

설탕이 기름을 데리고 물 밑으로 가라앉았어.

물에 식용 색소를 몇 방울 떨어뜨리면 색깔이 더 예뻐져요.

캐러멜 사탕 만들기

"냄비를 불에 올리기 전에 미리 설탕 1/2컵을 부어뒀어."

"냄비를 기울여서 설탕이 골고루 퍼지게 하고 있어. 숟가락으로 저으면 안 된단다."

"어른한테 부탁해서 중간불에 설탕을 끓여달라고 했어."

"오, 설탕이 액체 상태의 캐러멜로 변했어."

설탕을 가열하면 왜 액체가 되고 색깔이 바뀔까요?

뜨거운 열은 설탕에 화학반응을 일으켜 캐러멜이라는 새로운 물질로 변화시켜요. 이 화학반응으로 계속 열이 발생하기 때문에 얼른 불을 꺼야 해요.
그렇지 않으면 캐러멜이 타버릴 수 있어요.